Förlag: BoD · Books on Demand, Östermalmstorg 1,
114 42 Stockholm, bod@bod.se

Tryck: Libri Plureos GmbH, Friedensallee 273,
22763 Hamburg, Tyskland

ISBN: 978-91-8080-088-4

Innehåll

Förord

Jag har alltid varit fascinerad av människokroppen. Fascinerad över hur vi fungerar. Undrat över hur det kommer sig att vi faktiskt hanterar och upplever prövningar och motgångar olika? Där en människa bryter ihop kan en annan spotta i händerna och söka lösningar. En händelse kan upplevas på ett sätt för dig och kanske på ett annat sätt för mig. Hur kommer det sig att det är så lätt för oss människor att förtränga det vi egentligen känner och behöver, skjuta bort eller bedöva signalerna? Jag är övertygad om att just du kan jobba optimalt och samtidigt må fantastiskt bra. Att du kan balansera relationer till andra och relationen till dig själv och samtidigt lyssna till känslor och behov. Tänk på att du har en fantastisk kropp, ta det här med dina muskler.

En muskelknuta i skinkan kan ge strålande smärta i vaden. Om du sitter för länge vid datorn, kan du få för korta bröstmuskler som kan ge domningar i fingrarna. Om du har för mycket i huvudet får du spänningar i axlarna. Hela du består av 100 biljoner celler. Bara det faktum att varje cell är programmerad för att veta vad dess uppgift är, är fantastiskt.

Vid befruktningen kommer processen i gång där en cell delar sig och blir två. Så fortsätter det. I varje cell finns det ett litet kärnkraftverk med energi. Ett litet kraftverk som heter mitokondrie och som har DNA. Forskare tror att mitokondrien producerar energi i utbyte mot att cellen skyddar den. Vi har fungerat mentalt och kroppsligt, med samma anatomiska /fysiologiska biokemiska uppbyggnad och mobiliserande effekter av energipåslag i cirka 150 000 år. Funktioner som inte förstår att skilja på tidspress och livsfara utan skickar adrenalin ut i blodet, gör ditt blod tjockare, ökar andningen och spänner musklerna så du kan springa allt du kan.

I dag, från press, stress och tidsbrist. Då för 150 000 år sedan, sprang du för ditt liv. Kroppen kan inte skilja på tidspress eller livsfara. Skillnaden är att du idag inte springer ut från kontoret och datorn utan sitter kvar. Då, fick du verkligt utlopp för kroppens energipåslag då du antingen slogs eller flydde för livet.

Vår kropp behöver pusta ut och få återhämtning för att
stressreaktionen inte ska bryta ner kroppen och där har
vi oftast obalansen, uppvarvning / nedvarvning.

De mentala processer som är starkast emotionellt färgade fångar lättare våra tankar och behåller dem. Här vinner tyvärr ofta rädsla och oro över hopp och längtan. När du får en stressreaktion i kroppen är det något som är för mycket och du behöver plocka bort eller sakta ner.

Du behöver då se över dina inställningar, en stressreaktion är något du reagerar på som ännu inte hänt – tänker och känner du innan, att det här kommer bli jobbigt stressigt och tungt? Då har du redan bestämt dig för att det är så det kommer att bli. Här är Hypnos ett effektivt fokuseringsverktyg, då det hjälper oss att tänka "utanför lådan".

Vi reagerar via vårt automatsystem vid stress, och hypnos är ett effektivt sätt att avkoda den sortens reaktioner.

Reloading belyser inte bara det anatomiska utan upplyser om det du har omkring dig. Då upptäcker du att du inte behöver leta efter ljuset i tunneln utan att Du är kärnkraftverket.

Med boken kommer du att få lära dig att förstå din kropps signaler och hitta verktyg som hjälper dig att ladda dig mentalt. Detta är viktigt när du vill kunna reducera dina stressnivåer, balansera dina känslor, skärpa ditt intellekt och skapa inre harmoni.

Vår fantastiska hjärna är formbar genom hela livet. Det finns idag många oberoende studier och mycket forskning som visar på att detta, med stor säkerhet, gäller.

De nätverk vi har av neuroner (nervceller) och synapser (kommunikationsklyftan mellan nervcellerna) i våra hjärnor påverkas och omformas ständigt av vad vi känner, tänker och gör.

Vilokraft
Kristina Wojén

Stress och konsekvens

Visste du att?

Enligt socialstyrelsen har mellan 13 till 18 procent av befolkningen utmattningsdepression och i en studie av en primärvårdpopulation av alla som sökte vård, såg man att 30 procent självskattade symptom som liknar utmattning.

Av kvinnorna i åldern 16–29 år svarade 37 procent 2022 att de känner sig ganska eller mycket stressade. Bland männen var denna andel hälften så hög (17 procent). Bland personer över 65 år är andelen som uppger stress låg (5 procent). Över tid har andelen som uppger stress ökat i gruppen 16–29 år och i viss mån bland 30–44 åringar.

Personer som upplever en arbetssituation med små möjligheter att påverka, i kombination med alltför höga krav, utvecklar mer depressionssymtom.

Personer som upplever bristande medmänskligt stöd i arbetsmiljön utvecklar mer symtom på depression och utmattningssyndrom än andra.

De som upplever mobbning eller konflikter i sitt

arbete utvecklar mer depressions-symtom än andra, men det går inte att avgöra om det finns något motsvarande samband för symtom på utmattningssyndrom.

Personer som upplever att de har pressande arbete eller en arbetssituation där belöningen upplevs som liten i förhållande till ansträngningen utvecklar mer symtom på depression och utmattningssyndrom än andra. Detta gäller även för dem som upplever osäkerhet i anställningen, till exempel en oro för att arbetsplatsen ska läggas ner.

Personer som upplever goda möjligheter till kontroll i det egna arbetet och de som upplever att de behandlas rättvist utvecklar mindre symtom på depression och utmattningssyndrom än andra. Kvinnor och män med likartade arbetsvillkor utvecklar i lika hög grad depressionssymtom respektive symtom på utmattningssyndrom. Kunskapssammanställningen visar att vi idag vet mycket om samband mellan arbetsmiljö och symtom på depression respektive utmattningssyndrom.

Framtidens forskning bör framför allt inriktas mot interventionsstudier, dvs studier som följer långtidseffekter på denna typ av ohälsa efter vetenskapligt underbyggda arbetsmiljöinsatser.

Idag lever de flesta av oss i en livssituation där kraven överstiger vår förmåga. Den destruktiva stressen som påverkar folkhälsan och faktiskt även hela världs-ekonomin handlar i de flesta fall om en känsla av brist på kontroll över arbetssituationen eller att inte räcka till.

För att reglera denna stress behöver du dels lära dig var din gräns går och dels hur kontrollspaken manövreras.

Det är du som håller i den!

Källa: Statens beredning för medicinsk och social utvärdering: SBU samt Folkhälsomyndigheten

Det går inte att lura kroppen, bara skjuta fram symtomen. Går vi emot oss själva och det vi tror på så förlorar vi energi.

Det i sin tur skapar inre konflikter som spelar upp sig på utsidan i våra relationer, på arbetet och så vidare.

Kärnkraftverket har du i dina celler och där har du också din självläkning

Kroppen är egentligen ett komplicerat och interagerat informationssamhälle på samma sätt som det moderna, interaktiva informationssamhället.

Det krävs många små bitar av information och en bibehållen struktur för att kapa en fungerande helhet. Vid lägre energinivå blir det dysfunktionell kommunikation och kroppens utrensning fungerar sämre och man kan få förgiftningssymptom som huvudvärk, smärta, allergi, feber, magont osv. Det är då vi kan känna oss mentalt trötta, orkeslösa och deppiga.

Sipprar det ut mer energi än vad som kommer in?

Vi kan aldrig må bättre än våra celler. Cellerna är mottagliga för intryck, läraktiga och föränderliga med olika funktioner men kommunicerar hela tiden med omgivningen. Cellerna existerar som en liten del av en helhet och kroppen består av många miljarder celler. I varje cell sker minst en miljard biokemiska processer per sekund och allt detta sker spontant utan vi behöver fundera på det.

Kaossystem: Kroppens självorganiserade energisystem

Vid energibrist fungerar inte kroppen så bra och det blir glapp i processerna, bristande funktion och nedsatt återkoppling.

Det hämmar det ständiga informationsflödet av nervsignalsubstanser, hormoner och andra biokemiska substanser vilket behövs för att helheten ska fungera.

Vår intelligenta kropp

Om vår energinivå är låg i cellerna så är energin låg i oss och det beror på kaossystemet. Ungefär som att ett företag aldrig kan må bättre eller fungera bättre än hur dess medarbetare mår.

Därför måste vi börja från grunden om man vill stärka sin energi och kapacitet.

Vi fungerar enligt kaossystem och för att det ska fungera behövs:

1. Tillräckligt hög energinivå i kroppen

2. Struktur i form av organ, blodkärl, nervkanaler, ben och så vidare.

3. Kommunikation inom systemet enligt en rad parametrar som pH, signalsubstanser, autolooper för biofeedback och så vidare.

Detta kan översättas till en större levande kropp, som företag och organisationer och då behövs:

1. Hög energinivå

2. Tydlig och definierad struktur

3. Väl fungerande kommunikation

4. Flöde, rörelse och utbyte av energi, glada kollegor

Genom att tillföra energi och hitta sätt att hålla energinivåerna höga, får du en fungerande själv-läkning och ett högt immunförsvar. Du får en stark drivkraft och kan följa dina strategier på ett sätt som får dig att må bra. När du har energibrist går allt trögt och det blir svårare att möta prövningar och utmaningar. Har du däremot mycket energi går allt lätt och smidigt och du har krafter kvar även efter du har klarat av dagens utmaningar och jobb.

Låt mig få påminna dig om några effektiva sätt att fylla ditt liv med energirika dagar.

Mer syre ger mindre stress

Ta några djupa andetag genom näsan och rör på kroppen så får du ny kraft och blir klartänkt. Det här är inget hokus pokus utan effekten av att halten av stresshormonet Kortisol i blodet sjunker och att du gör dig av med syrebristen som uppstått i musklerna. Först när din stressreaktion minskar kan du syresätta din kropp igen, ända upp i hjärnan.

Vem styr, du eller dina tankar?

Dina tankar är inte alltid dina bästa rådgivare. Många gånger kommer de dragande med "sanningar" och förslag som varken bygger på fakta eller hjälper dig framåt. Ältar du det som varit, oroar du dig för morgondagen eller är du mitt i nuet? Träna på att styra undan de tankar som inte är med dig utan släpar efter eller springer före. Börja gärna föra dagbok för att göra dig själv medveten om vilka tankar som avgör dina beslut.

Rörelse och vila

När du tränar får du inte bara en stark kropp, du rensar samtidigt ut gammal stress ur kroppen. Återigen handlar det om kemiska processer. Det går förstås inte att springa ifrån sina problem men en springtur rensar tankarna och ger ny energi till att ta tag i det andra sedan. Känner du igen den känslan? Även massage och meditation kan hjälpa kroppen att göra sig av med stress och spänningar.

Hur använder du din tid?

Du är inte bara din yrkesroll utan har även andra roller så som hustru eller man, barn och förälder och dessutom är du dig själv. Vilken roll spelar huvudrollen och hur mycket tid får de andra? I allt du gör behöver du tid för att förbereda dig, tid att utföra det du ska göra, tid att avsluta och tid att återhämta dig. Det går inte att gena. Ta en sak i taget och sätt allt fokus på det du gör just nu. Då blir tiden din vän och inte din fiende.

Bara du kan förändra ditt liv, ingen annan kan göra det åt dig. När du är lyhörd till ditt sanna jag och har balans mellan kropp och själ får du det du söker.

Det är du värd.

Framgång lika med balanserad

Hur mår du? Hur går det för dig på jobbet? Hur har du det med dina nära och kära?

Vissa dagar är lätt att svara "Tack jag mår bra. Det rullar på fint."

Du känner dig helt enkelt framgångsrik.

Andra dagar...

...kanske känns framgång som en naturlig del av livet just nu, nästan som en rättighet.

Kanske tillhör du i stället de som är avundsjuka på andra personers framgång. Eller också var det jättelänge sedan du kände dig framgångsrik överhuvudtaget.

När verkligheten skaver mot drömmarna och vi inte har det liv vi önskar oss är det lätt att fly på olika sätt.

Vissa flyr till shopping eller överdriven träning andra tröstar sig med skräpmat eller alkohol.

TV-programmet Lyxfällan visar tydligt hur jakten på det som vi tror är framgång kan leda till raka motsatsen. Som tur är finns det bättre vägar att gå.

Jämför du dig med andra?

Börja gärna med att fråga dig: Påverkar det dig om dina vänner byter bil och åker utomlands varje år? I så fall, hur? Vad betyder en topposition på ett företag, ett välfyllt konto och försäkringar som säkrar din framtid ekonomiskt? Hur reagerar du när någon du känner genomfört klassikern eller nått sin idealvikt?

Vem bestämmer?

Den som, enligt många, har ekonomisk framgång kan vara både fattig och framgångsrik i sina egna ögon. Den som har en snygg och välformad kropp kan må toppen eller uselt. Det beror på hur de ser på sig själva och värderar sin situation men även omvärldens idealbilder påverkar. Ändå är de inte facit. Du behöver själv komma fram till vad som gör att du känner dig framgångsrik i ditt liv och med dina förutsättningar.

Kanske har det med pengar eller en viss typ av fysik att göra, kanske inte.

Så här är det för mig

Själv känner jag mig framgångsrik när jag klarar av att hantera stress och välja bort det som är oväsentligt för mig. Alltså, när jag själv väljer vad jag lägger min tid på. Jag vill leva i enkelhet och vara nöjd med mina val och beslut och se till att göra det bästa med det jag har. När jag lyckas vända en motgång till en framgång ser jag mig själv som lite extra framgångsrik.

Skapa din egen framgång

För att komma på vad framgång betyder för dig behöver du låta dina tankar och känslor göra sig hörda. Låt dem berätta vad du vill, känner och behöver istället för att jämföra dig med andra och göra deras framgång till din. Skriv ner. Lyssna även till obehagliga känslor och försök förstå vad de står för. Välj och välj bort. Din magkänsla visar vägen. Tycker du att det är svårt? Ja det är det, men det är fullt möjligt och väl värt varje ansträngning. Kanske kan man summera det så här:

Den som är framgångsrik har betalat ett lagom högt pris för att nå sin framgång och känner sig rik även utan jämförelse med andra.

Sju andetag

Kanske behövs det bara sju minuter för att förändra en känsla av stress till avslappning.

Sju är en i sanning magisk siffra. Modern psykologi har visat att det just sju saker människor har lättast att komma ihåg – det är därför till exempel telefonnummer sällan är längre än sju siffror. Vi har sju dvärgarna, sju svåra år, sju dödssynderna, sjuarmade ljusstaken, vishetens sju pelare, sju-dagars-veckan, bokrullen med de sju inseglen, sjunde himlen, sjusovare, sju sommarblommor under kudden, sjömännen seglar på de sju haven, talet sju är heligt, sju sorters kakor, regnbågen har sju färger, gud skapade världen inom loppet på sju dagar, sju stjärnor i rockärmen (min favorit).

Sju minuter är allt vad som krävs för att förändringen i kropp och själ ska bestå under dagen.

Sju minuter av stretch, djupandning och medvetna

rörelser eller meditation.

Investera i ditt mående med sju minuters närvaro, andas sju djupa andetag, sträck ut armarna och öppna upp i bröstet, rulla runt med axlarna, böj huvudet åt sidorna, rulla sakta fram överkroppen ner mot fötterna kota för kota, sju ben- böj, avsluta med att sträcka armarna rakt upp och slå ihop händerna.

Eller prova enligt bild:

Sover du gott?

Att sova bra är något av det viktigaste du kan göra för att må bra.

När du sover jobbar din kropp med självläkning och återhämtning, både fysiskt och mentalt.

Frågan är: Ger du sömnen möjlighet att göra sitt jobb?

Även om du inte är aktiv i vanlig bemärkelse när du sover så sömnen ingen passiv fas, tvärtom.

Då jobbar din kropp för fullt med återhämtning och uppbyggnad. Den bunkrar upp ett lager av de olika ämnen som du behöver för inlärning och minne, immunsystemet aktiveras och produktionen av tillväxthormon (testosteron) ökar.

Trötta muskelceller och uttjänta blodkroppar ersätts med nya. Skelettet och bindväven byggs upp igen efter dagens förslitningar.

Stress ger sämre sömn

Sömnen påverkas av konflikter, förändringar,
rädslor och brist på trygghet i ditt vakna liv.
Förenklat kan man säga att olika former av stress ger
dig en konstant hög ämnesomsättning, vilket i sin tur
signalerar till kroppen att du ska vara vaken, trots
att du egentligen behöver sova. Det blir en ond
cirkel.

Adrenalinet håller dig vaken

Redan efter en enda natt av störd sömn behöver du
extra energi för att klara nästa dag.
Ämnesomsättningen måste alltså öka. Den kickas i
gång av adrenalin som samtidigt gör dig lättirriterad
och känslig, vilket i sin tur ökar suget efter sötsaker
(känner du igen dig?) Sömnbristen stör på så sätt
regleringen av insulin och minskar kroppens förmåga

att ta hand om socker. Vissa forskare arbetar idag efter hypotesen att en störd sömn skulle kunna påverka kroppens utvecklande av åldersdiabetes.

Låt oss istället titta på det från andra hållet. När ämnesomsättningen går ner får kroppen signaler om att somna. Fyll på med kalcium, zink och magnesium samt B-vitamin komplex så hjälper du kroppen att komma till ro.

Bädda för goda sömnvanor

Det kan inte sägas ofta nog. Gå och lägg dig i tid. Räkna med att du behöver åtminstone sju timmars sömn. Börja gärna varva ner en timme innan med att läsa, ta ett bad eller hitta en annan lugn kvällsritual som passar dig.

Till sist: Hör du till dem som kollar mailen och Facebook när du ska sova? Det hindrar dig effektivt från att varva ner genom att stimulera till såväl engagemang som problemlösning av olika slag. Mitt råd blir därför att inte "hoppa i säng" med någon annan än din livskamrat om målet är att få sova gott.

Att sova bra är något av det viktigaste du kan göra för att må bra. När du sover jobbar din kropp med självläkning och återhämtning både fysiskt och mentalt. När du lever i hög stress under längre tid nöter du ner stresströskeln och stressen får allt lättare att komma och gå som den vill i dig både fysiskt och själsligt.

Ger du sömnen möjlighet att göra sitt jobb?

Låt dina binjurar få ta nattpasset.

För att hindra att det händer behöver du ge dig tillräcklig tid för återhämtning. Dina binjurar behöver arbetsro för att kunna bryta ner de ohälsosamt höga doser av kortisol, noradrenalin och adrenalin som samlats i din kropp. Därför jobbar de bäst när du sover.

Ge dina binjurar en bra frukost

Har du svårt att vakna på morgonen?

Det kan bero på att du har sovit dåligt, att kroppen haft ett hårt jobb med att ta hand om gifter och/eller att du har en låg binjurefunktion.

Binjurarnas jobb är nämligen att se till att du vaknar ordentligt. De behöver protein för att fungera.

Tyvärr är vi många som dricker kaffe för att komma igång på morgonen och stora mängder kaffe belastar binjurarna. Om du kämpar med energinivåerna på förmiddagen ger en proteinrik frukost i form av exempelvis ägg en bättre start än kaffe och snabba kolhydrater.

Vi försöker ta oss till nya höjder och ha de dyraste av bekvämligheter utan att inse att de enkla sakerna är de mest värdefulla

Oxytocin är stresshormonernas motsats

Behöver du hjälp att slappna av?

Ta en massageterapeutisk behandling. Den hjälper dig att sänka muskeltonus och göra dig av med spänningar. Den sänker ditt blodtryck och höjer immunförsvaret. Dina inre organ påverkas positivt och oxytocinet som frisätts vid massagen gör dig lugn.

Oxytocin är nämligen stresshormonernas motsats som underlättar kroppens egen läkning och gör dig mer stresstålig.

Ett annat sätt att är att gå på Reloading där du får lära dig mental träning och att släppa taget om de skräptankar som tynger dig och hindrar dig från att hitta rutiner som får dig att må bra.

Massagens goda verkningar på våra spända, stressade kroppar

Massage kan användas som behandlingsform i många olika sammanhang.

De positiva fysiska och mentala effekterna är många:

Spända muskler blir mjuka och elastiska

Blodcirkulationen i musklerna ökar

Lymfcirkulationen ökar

Immunförsvaret stärks

Det blir avslappnande effekt på kroppen

Andningen blir djupare och lugnare

Kroppens inre organ påverkas på ett positiv sätt

Kroppskännedom ökar

Ärrbildningar efter skador i muskelvävnad och andra mjukdelar motverkas

Har god effekt på träningsvärk och ansträngda muskler idrottssammanhang

Spänningar vid smärttillstånd motverkas

Stress motverkas

Det blir en lugnande effekt på nervsystem

Hitta ditt flow med hjälp av hypnos

> *Hypnos är nyckeln till ditt inre universum och har använts i tusentals år i anrika Egypten, av de gamla grekerna, i indiska läkekonsten och av idrottsmän genom mental träning. För personlig utveckling och hälsa.*
>
> *Hypnos är egentligen ett antal extremt fokuserande och inåtriktade medvetandetillstånd där du i olika grad sätter autokritiskt tänkande åt sidan, släpper din tidsuppfattning, övertygelser och konvergent (sammanlöpande) tänkande. Det liknar på många sätt det som man inom idrott och musik kallas för flow. Det liknar även vårt drömtillstånd, men utan att vi sover*

Hypnos är egentligen ett antal extremt fokuserande och inåtriktade medvetandetillstånd där du i olika grad sätter autokritiskt tänkande åt sidan, släpper din tidsuppfattning, övertygelser och konvergent (sammanlöpande) tänkande. Det liknar på många sätt det som man inom idrott och musik kallas för flow. Det liknar även vårt drömtillstånd, men utan att vi sover.

Hypnos är ett samlingsbegrepp för ett flertal fokuserande behandlingsmetoder. Hypnos används också synonymt med "trance", det vill säga ett medvetandetillstånd som är öppet, kreativt och mottagligt.

Detta tillstånd används i skiftande sammanhang som yoga, psykoprofylax, mental träning, meditation, m.m.

I västerländsk klinisk psykologi och medicin används tillståndet för att fördjupa patientens kontakt med sitt inre och förstärka behandlingseffekten.

Vid utövande av hypnos krävs kompetens, etik och professionella ramar.

I trans kan du snabbt och enkelt uppnå följande:

Behandla fobier

Nya vanor med mat, rökning, motion

Öka motivation

Skapa positiv inställning

Öka prestationsförmåga

Stimulera kreativitet

Minska vissa smärtor

Minska ångest och depression

Bättre stresshantering

Stärkt immunsystem

Påskynda återhämtning efter operationer

Mildra psykosomatiska symtom

Hantera svåra känslor

Avleda obehagliga upplevelser

I många fall är hypnos ett lämpligt hjälpmedel i sökandet efter problemens djupare orsaker och behandlingen kan ta längre tid.

I andra fall är problemens orsaker mindre komplicerade och hypnos kan användas som en självhjälpsmetod för att bättre hantera den aktuella situationen.

När du tränar upp dina mentala muskler blir du bättre på att upprätthålla en känsla av välbefinnande och lycka i ditt liv, även när du påverkas av saker som du inte har valt själv.

Visst andas du men gör din andning dig starkare?

Vi överlever ungefär 40 dagar utan mat, 3-5 dagar utan vätska och 3–5 minuter utan att andas. Andningen är också bland det första som reagerar på stress och olika känslotillstånd. Känn efter hur du andas i olika situationer och använd andningen aktivt för att komma i balans.

Gäspen är det djupaste andetag vi kan ta. Den piggar upp dig när du är trött. När du är stressad minskar den din spänningsnivå.

Alltså: Gäspa ofta. Att sträcka på sig har samma effekt och ger dig automatiskt en friare och djupare andning. Samtidigt gör du dig av med den syrebrist som uppstår i musklerna när du sitter stilla för länge. Bindväv och muskelhinnor anpassar sig efter musklernas längd och redan efter 40 minuter börjar du bli trög och seg i kroppen.

Låt andningen hjälpa dig att må bra

Sjuttio procent av kroppens slaggprodukter försvinner via utandningsluften medan inandningsluften renar blodet och syresätter dina celler. När du andas ända ner i magen blir dina andetag effektiva och kan göra sitt jobb. Djupandning gör även att hjärnans elektriska aktivitet kan förändras från betavågor till alfavågor.

Betavågor är snabbare och hjälper dig vid aktivitet och problemlösning medan alfavågor lugnar och dämpar känslan av stress och smärta så att du blir mer tolerant.

Djupandning är med andra ord en bra antistressteknik. Så stanna upp en stund och blunda. Dra några djupa andetag långt ner i magen. Reflektera på att när du andas ut och precis där emellan, ett ögonblick på in och utandningen där finner du stillhet.

Stillheten, där du bara är och finns till.

När du övar på detta så kommer muskeltonus och stresshormonet Kortisol att sänkas och du kan tänka klarare tankar samt många fler biokemiska positiva förändringar i din kropp och själ skapas.

Vi har förmågan att skapa sinnesro genom att medvetet styra andningen.

Att uppleva mindre stress

Stress är en av de största hälsoriskerna och utmaningar i det moderna samhället, samtidigt är det inte stressen som är farlig, utan vår inställning till stress (samt hur länge man befinner sig i ett stressat tillstånd).

När du lär dig sänka din inre grundspänning, eliminera historiska betingningar och reaktioner och att vara avspänt effektiv, kommer hela ditt system att ha högre energi.

Känslor är uråldriga överlevnadsprogram och rädsla, känsla av otrygghet är en av våra mest förgörande känslor. Den sänder ut en kaskad av kemiska substanser ut i kroppen och gör att du går på helspänn. Det gör oss blinda för de möjligheter som finns runt oss. Fruktan gör att vi inte kan se någon utväg. Genom att känslor av rädsla framkallar ett påslag i vårat fly- eller fäktarespons i nervsystemet. Det kallas HPA-axeln, som består av hypotalamus och hypofysen. De är två små ärtformade strukturer i hjärnan som samarbetar med binjurebarken.

Binjurebarken sitter vid binjurarna och dessa utgör HPA-axeln. När du upplever fara eller otrygghet vare sig den är verklig eller inbillad startar hjärnan en stressrespons i din HPA-axel, vilken i sin tur minskar blodflödet till prefontala cortex, det område i hjärnan som ser möjligheter men också många andra biokemiska påslag med hormoner, blodtryck, *fibronigenet i blodet ökar, och en många fler reaktioner i din kropp som jag berör under din läsning i boken.

Om fly- eller fäktaresponsen ständigt får signaler att slå till kommer det så småningom leda till skador på hippocampus. Då kan det bli svårt att se annat än faror och hot i omgivningen, känsla av otrygghet och uppgivenhet blir till en vardag samt att du blir splittrad, glömsk och ständigt med ett högt driv i kroppen.

När du tystat fly- eller fäktasystemet börjar det alkemiska laboratoriet i tallkottskörteln att producera kroppsegna lyckohormoner som endorfiner, dopamin med flera, som strömmar genom hjärnan och du kan börja känna dig lycklig lugn och glad. Tallkottskörteln även kallad epifysen är en liten endokrin körtel som är placerad mitt emellan våra två hjärnhalvor. Trots dess lilla storlek av en halv ärta, är den kontrolltornet för en mängd viktiga funktioner i vår kropp.

Epifysen producerar melatonin som påverkar dygnsrytmen och är kroppens starkaste antioxidant som kan skydda kroppen från skadliga fria radikaler. Melatonin gör dig sömnig och produktionen är som högst mellan 22 och 04 på natten. Denna lilla körtel ansvarar därför för att du ska få en god natts sömn men också för regleringen av hormoner i kroppen.

Hjärnan kan inte hålla fly- eller fäkta-systemet och lugn- och- rosystemet i gång samtidigt, så det är antingen det ena eller det andra som styr dig och dina reaktioner.

*Fibronigenet i blodet gör att det blir mer trögflytande, en gammal överlevnads reaktion ifall att du skulle skada dig och för att du inte ska förblöda. Om du går om kring med för trögt blod och med för högt blodtryck är det risk att det kan riva lös plack från dina ådror och kärl som sedan skapar blodproppar.

Sammanfattningsvis:

Det finns verkliga faror i världen och en massa stressmoment i vardagen men du kan välja hur du reagerar på dem.

Hur kan du förhålla dig annorlunda för att må bra?

Genom att träna på att slappna av och bli medveten om din grundspänning kan du motverka stress

Många människor har svårt att slappna av eftersom de inte har lärt sig hur man gör. För att kroppen ska kunna slappna av och för att du ska kunna koncentrera sig är det bra om man ligger ner eller sitter med rygg och nacke i rät linje. Detta gör det möjligt för det *neuroelektriska systemet och blod-cirkulationen att fungera ordentligt. Spänningar gör att musklerna dras samman, vilket leder till att energin blockeras i kroppen. Så fort du medvetet börjar lossa på anspänningen kommer du märka att du utvecklas mentalt och fysiskt.

Avslappning är vårt naturliga tillstånd och ju vanare du blir vid att vara avslappnad, desto mer kommer du kunna vara det även till vardags.

Det börjar med att du blir medveten om situationer och omständigheter som gör att du spänner dig och tappar fokus.

När kroppen är avslappnad, behöver du även koppla av tankarna genom att släppa all fruktan, ängslan och oro. Andningen hjälper dig att slappna av, långsam och djupare andning kommer att göra dig lugn och centrerad. När kroppen börjar slappna av inträffar speciella fysiologiska förändringar, det vill säga att pulsen blir lägre och spänningar släpper. Avslappningen gör att kropp och själ kommer i balans, trötthet avtar, toxiner försvinner och hela systemet vitaliseras.

När du verkligen börjar utforska dig själv i stillhet, kommer du att känna dig lugn och fridfull och du kommer att bli öppen för en ny medvetenhet om vem du är. Några få minuter av djup avslappning är effektivare mot trötthet än en hel natts orolig sömn.

Ju mer du ökar din närvaro och minskar din stress släpper du fram din naturliga kreativitet.

Skapa din privata oas för återhämtning

Vill du kunna prestera på topp under en lång tid och må bra? Då har du inget annat val än att ta dig tid till återhämtning. Hur mycket som är tillräckligt vet bara du men om du är ovan kan du börja med tre timmar utspritt över en vecka. Välj en fysisk plats som du går till för att varva ned. Det är ett tydligt sätt att tala om för hjärnan att det är dags för återhämtning och din kropp börjar associera platsen med vila och lugn. Välj en plats där du inte känner några krav och där du mår bra (i snickarboden, på promenaden, vid staffliet etcetera)

Med tiden kommer du kunna föreställa dig hur avkopplande skönt och härligt du mår när du är i din oas bara genom att blunda och tänka på din plats. Det kallar vi betingad respons.

Observera att när du återhämtar dig är det inget annat som är viktigare. Låt inget störa dig. Varför inte passa på att lägga mobilen på laddning samtidigt som du själv laddar upp ny energi?

ÖVNING – STRESSFAKTORER

Sätt dig bekvämt och ta några djupa andetag.

Fundera på vilka som är dina fem värsta stressfaktorer och lista upp dem nedan:

....

....

....

....

....

....

....

VAD ÄR DIN PLATS DÄR DU KÄNNER AVLAPPNING?

| . . . . |

| . . . . |

| . . . . |

| . . . . |

| . . . . |

ÖVNING – AVSLAPPNING

- Lägg dig bekvämt tillrätta eller sätt dig i en behaglig ställning.

- Lägg en hand på magen och känn hur du andas lugna djupa andetag, hur magen fylls med luft när du andas in och hur den sjunker ihop vid utandning.

- Fokusera på dina fötter, spänn och slappna av.

- Gå vidare till vaderna, spänn och slappna av.

- Fortsätt andas lugnt.

- Spänn låren och slappna av.

- Känn hur du vilar ryggen.

- Känn magen och hur du andas lugnt.

- Fokusera på bröstet och känn efter om det är lugn och stilla eller om det är oro där.

- Gå vidare till axlarna, spänn och slappna av.

- Bit ihop käkarna och slappna sedan av.

- Känn efter i nacken om den känns stel, spänd.

- Nu flödar det blod och syre runt i kroppen och du kan känna skillnaden på att vara spänd eller när du är avslappnad.

SUMMERING

- ❖ Hur upplevde du avslappningen? Var det svårt att slappna av?
- ❖ Kändes det bra att andas långt ner i magen eller var det svårt?
- ❖ Kunde du fokusera på avslappningsövningen?
- ❖ Kände du någon skillnad i kroppen efteråt?

Spring inte i kapp med tiden, gå i takt med dig själv.

Att njuta är en konst. Att njuta av det som inte är njutbart är ännu konstigare. Men om du sänker tempot en aning när du diskar, rensar ogräs, bäddar eller tuggar maten så sker sig något magiskt. Det är som om själen, och du själv, hinner med dig och vardagssysslorna får ett nytt, större värde.

Sist men inte minst: Låt bli att planera utifrån att du har 24 vakna timmar per dygn och kan använda tid på kvällen eller helgen för att jobba. Det är en dålig vana som bara gör att du får svårt att hålla isär arbete och fritid och känner dig otillräcklig på båda håll.

Vinsten av att lyssna på din kropp

Hjärnan är en tolkningsmaskin som utifrån våra sinnen försöker tolka vad som sker i våra liv. Det är både kemiska och elektriska mekaniska signaler som ska smältas till en verklighetsbild, som sedan ska vägleda oss och skydda vår hälsa.

Vi tar in 100 megabytes av information varje dag. Det motsvarar 100 000 A4-sidor med text. Informationen ska tas emot och sorteras, bedömas, vägas och läggas på rätt plats så att vi har den tillgänglig i framtida situationer.

Mycket av sorteringen sköts omedvetet (se kapitlet: *Jobba med dig själv – inte mot*). Lägg sedan till dina signaler av behov, känslor och tankar.

Signaler från kroppen är indikationer

Hur ser du på signalerna som hinder eller som stöd? Det här är ett mycket finurligt system, ju mindre du lyssnar till signalerna desto kraftigare signal kommer du att få!

Vissa signaler från kroppen är lättare att tyda och

nödvändiga att beakta (om inte annat för de opraktiska konsekvenserna).

Dessa signaler kan vara:

När du har låg energi i kroppen brukar det dyka upp signaler av trötthet och utmattning. Lyssnar du och vilar?

Hunger skapar irritation och svaghet i kroppen, när blodsockerkurvan nästan är i diket, då slinker något ner snabbt.

Akut smärta är en stark signal. En reaktion på att något är fel och om vi bryter ett ben lägger vi benpiporna på rätt plats och gipsar.

Andra signaler skjuter vi lättare ifrån oss. Smygande symtom som värk i muskler på grund av hög muskel-tonus och stressymptom kan vara svårare att lyssna till. Knackig sömn, oro, depressioner och känslor av otillräcklighet är indikationer från kroppen, från det inre som vill ha gehör.

Ta kroppens signaler på allvar. Skjut inte bort dina känslomässiga signaler.

Hormoner påverkar varandra

Hormoner är kroppens signalsystem som styr mättnadskänsla, hunger, muskeltillväxt och mycket mer. Om ett hormon hamnar ur balans kommer de andra snart att följa efter.

Vi kan bli sjuka när vi lever under press och stress under en längre tid. Binjurarna försvagas och skapar en kortisolresistens hos andra hormonreglerade organ som äggstockar, sköldkörtel och bukspott-körtel med hormoner som insulin, progesteron, östrogen och testosteron.

Alltså, en "reaktionstsunami" som ställer till kaos i kroppen.

Våra viktiga hormoner

Våra hormoner bildas från de näringsämnen som vi äter och då främst från fetter. Fetterna utsöndras sedan och förs via blodet till det ställe där de hör hemma och verkar för olika funktioner i kroppen. Om detta inte går som det ska blir vår hormonella funktion störd och hormonella symptom kan uppstå såsom till exempel PMS eller andra menstruations problem, infertilitet, humörsvängningar, sänkt immunförsvar, problem med huden, utebliven sexlust, sockeröverkänslighet, diabetes och hjärt- och kärlsjukdomar. När serotoninet har sjunkit riktigt lågt får binjurarna inte längre signalerna från hjärnan att producera kortisol och DHEA. Serotonin är en signalsubstans som påverkar humör, minne, sömn, aptit, sexlust, kroppstemperatur och vissa kognitiva funktioner och sociala beteenden.

Kortisol är ett hormon i kroppen som utsöndras av bi-njurarna, skapas av kolesterol, och har en mängd olika funktioner i kroppen som innefattar bland annat reglering av blodtryck, insulinfrisättning, inflammatorisk respons med mera, men är nog mest känt som kroppens stresshormon.

DHEA är ett hormon som också är känd som mor till alla steroidhormoner, är en kort form av dehydro-epiandrosteron. DHEA´s biologiska mekanism har beskrivits som ett hormon som produceras av binjurarna placerade på toppen njurarna och det omvandlas vidare till manliga och kvinnliga könshormoner.

Det finns många signaler som din kropp skickar ut när dina hormoner är i obalans.

Kryssa i de boxar som stämmer in på dig:

❖ Svårt att vakna och komma igång på morgonen

❖ Är trött mellan 19 och 22, för att sedan bli pigg igen

❖ Särskilt trött på morgnarna och på eftermiddagarna mellan 15 och 17

❖ Lider av dåligt minne eller hjärndimma

❖ Orkeslöshet och brist på energi

❖ Ökad ansträngning för att utföra dagliga sysslor

❖ Sug efter salt mat

❖ Behöver äta ofta för att upprätthålla en normal blodsockernivå

❖ Viktuppgång under den senaste tiden, framför allt kring midjan

❖ Flera olika slags mat- och/eller inhalationsallergier

❖ Omväxlande diarré eller förstoppning

❖ Blir smittad av varje förkylning och influensa som går runt

- ❖ Känner ofta yrsel när du reser dig hastigt
- ❖ Lågt blodsocker
- ❖ Torr och tunn hud
- ❖ Låg kroppstemperatur
- ❖ Hjärtklappning
- ❖ Oförklarligt håravfall
- ❖ Har svårt att hantera stress och pressade arbetssituationer jämfört med tidigare
- ❖ Är ointresserad av sex
- ❖ Är kvinna och lider av PMS som kraftiga blödningar, humörsvängningar och trötthet under menstruationscykeln
- ❖ Är man och kondition, energi och förmåga att bibehålla muskler har börjat avta
- ❖ Har ofta smärta i skuldror, axlar och nacke utan någon uppenbar anledning
- ❖ Mild depression eller oro

D-vitaminer, solens strålar och depression

Vissa hormoner tillverkas i huden, som till exempel vitamin D, som egentligen borde kallas för ett hormon. Det är kortisonet i huden sitter som aktiveras av solens UVB-strålar och omvandlas till vitamin D. Denna process fungerar endast mellan vår- och höstdagjämning, när solens strålar står tillräckligt högt, mellan 11–15 på dagarna.

Tiden mellan höst och vårdagjämning (oktober till april) är solens strålar för lågt stående och ingen eller oerhört lite D-vitamin tillverkas i kroppen.

Detta är också en av de största anledningarna till både vinter- och vårdepression.

D-vitamin är kopplat till depression och för lite D-vitamin inverkar dessutom på både immunförsvar och ben-uppbyggnad (kalciumomsättningen) eftersom D-vitamin har som funktion att föra ut kalcium i kroppen. D-vitamin är ett hormon som är fettlösligt, och därmed lagras in i kroppen men under senvintern tar bufferten slut och även de som har klarat vintern känner av en lätt eller mindre lätt depression.

Om du vet med dig att du brukar känna av depression på hösten eller våren kan du tillföra D-vitamin en tid innan för att motverka och förebygga.

Hormonreglering

Hormonerna reglerar sig själva i ett samspel mellan varandra och de frisätts stötvis, vilket gör att vårt humör eller vår menstruation, sexlust och blodsocker kan gå upp och ner hela tiden. Minskningen av hormoner sker oftast i flera steg då ett hormon ökas och därmed hämmar bildning av ett annat.

Ett exempel på detta är när vårt sympatiska nervsystem (det som säger åt oss att fly eller fäkta) är påslaget. Då frisätts kortisolet eftersom vi är igång, är stressade och behöver aktivitet.

När vi sedan kommer hem och lägger oss i soffan ökar det parasympatiska nervsystemet (lugn och ro) och kortisolhalterna minskar varefter vi blir mindre och mindre stressade. Om vi får beröring så ökar Oxytocinhalten och samtidigt minskar kortisolhalten i blodet, på samma sätt som att ordentlig sömn med melatoninproduktion också minskar kortisolfrisättningen.

Oxytocin är ett hormon som frisätts av beröring, sex, amning, förlossning och vid varma temperaturer.

Oxytocin kallas för må-bra-hormonet och för kärlekshormonet då det sänker stressnivån och ger oss en känsla av lugn, trygghet och ro.

Melatonin är ett hormon som produceras av tallkottkörteln (epifysen) från tryptofan. Melatoninets effekt är att man blir sömnig, och utsöndringen av melatonin är troligen kroppens viktigaste mekanism för att få oss sömniga.

Hypofysen och tillväxthormon

I hypofysen bildas vårt tillväxthormon, då främst under natten, när vi sover. Tillväxthormon stimulerar unga människor till tillväxt men ökar också ämnesomsättningen och reparerar cellerna. Det är med anledning av tillväxthormon som vi behöver gott om sömn för reparation av kroppens dagliga slitage.

På grund av det stora behovet av tillväxthormon kräver barn och ungdomar mer sömn än vi vuxna. Om barn får sova för lite kan deras tillväxt, ämnesomsättning och reparation i kroppen påverkas. Även för idrottsmän är det viktigt med god sömn för att kroppen ska kunna återhämta sig. För lite sömn och återhämtning, i samband med näringsbrister, för lite omega 3 (som gör slemhinnor stela) och för mycket kortisol (som hämmar skyddande östrogen) kan ge stressfrakturer och långvariga skador.

Stress och rädsla med adrenalin och noradrenalin

Medan kortisol är det hormon som frisätts när vi stressar över tid, är adrenalin och noradrenalin de hormoner som styr den stress som uppkommer vid till exempel rädsla. Adrenalin och noradrenalin bildas i binjuremärgen, ökar vårt blodtryck, vårt blodsocker och vår puls. Framförallt gör dessa hormoner oss starka och aktiva med hjälp av det tillströmmande blodet. Vid stress aktiveras hormonerna och vårt socker ökar i blodet, eftersom vi förväntas göra av med mer energi. Detta är en överlevnadsinstinkt som ökar vår kraft om och när vi behöver den. Vid ett adrenalinpåslag vidgas våra luftrör, pupiller och vi tappar delar av vår kognitiva förmåga. Vi agerar helt enkelt på överlevnadsinstinkt och bryr oss endast om vår egen överlevnad. Ett adrenalinpåslag kan ge oss kraft att till exempel kliva ur sängen även om vi är utmattade och har oerhört låga halter med kortisol.

Som jag skrivit tidigare kan du hjälpa kroppen med att tillföra vitaminer och mineraler för att öka motståndskraften. Det är främst via kosten du bygger upp ett starkt immunförsvar men det räcker inte alltid till eftersom det är idag sämre näringshalt och mer tillsatser i vår mat än då vi skapades för cirka 150 000 år sedan. Då kan vi behöva tillföra B-vitamin komplex, selen, kalcium och magnesium och D-vitamin som då stärker vår motståndskraft. Du kan scanna kroppen för att se vad just du har för obalanser och behöver stötta upp kroppen och ge den förutsättningar till att behålla ett bra starkt immunförsvar.

Går vi emot oss själva och det vi tror på förlorar vi ofelbart energi

Har du känt hjärtklappning? Eller har det hänt att när du precis pustar ut efter en stressad period så bryter en infektion ut?

Det går inte att lura kroppen, bara skjuta fram symtomen. Går vi emot oss själva och det vi tror på förlorar vi ofelbart energi. Det skapar i sin tur inre konflikter som spelar upp sig på utsidan i våra relationer, på arbetet och så vidare.

För att komma på vilka dina behov är, vad dina signaler betyder, behöver du låta dina tankar och känslor göra sig hörda. Reflektera, lyssna även till obehagliga känslor och försök förstå vad de står för.

Kanske tycker du det är svårt men det är fullt möjligt.

Det är bara du som vet vad du behöver.

Vinsten, ja det är en kropp som kan jobba optimalt utifrån dina förutsättningar.

Ett alert sinne med kraft att genomföra det du vill i livet. Känslor av lycka och tillfredsställelse för det du utför.

Förmåga att närvara i stunden. Det är för mig högsta vinsten!

Jobba med dig själv, inte emot.

Har du tänkt på hur vi människor ofta fångas lättare av oro över det som inte får hända än av det positiva vi önskar ska hända?

ÖVNING – LYSSNA PÅ KROPPEN

Ta några djupa andetag och fundera på följande frågor:

Hur brukar du må och känna när du är under press?

1. I kroppen?
2. Mentalt och känslomässigt?

....

....

....

....

....

....

....

Har du tänkt på hur vi människor ofta fångas lättare av oro över det som inte får hända än av det positiva vi önskar ska hända?

Lite förenklat beror det på två saker:

1. Att vi lägger mer tid på att analysera de eventuella problemen än att staka ut vägen till de mål vi vill nå.

2. Att de mentala processer som är starkast emotionellt färgade lättare fångar våra tankar och behåller dem. Här vinner ofta rädsla och oro över hopp och längtan. Därför riskerar vi att styra mot saker som vi inte vill ha och som vi viljemässigt kämpar emot istället för att rikta våra styrmekanismer mot det som vi vill.

Så var sitter styrsystemet och hur fungerar det?

Vi agerar från våra känslor och upplevelser som vi tidigare varit med om och som har lagrats i vårt undermedvetna. När du upplever att du inte kan förändra dina känslor och tankar, att du repeterar ditt beteende om och om igen eller inte kan bryta en vana, då sitter orsaken fast i det undermedvetna. Det undermedvetna kan nämligen inte skilja eller värdera, utan upprepar bara ett inlärt mönster.

Stress bygger på en illusion om en konsekvens av något som ännu inte hänt

Det är bättre att lägga energi på hur du ska lösa och förändra istället för att grubbla över varför det hände, varför det drabbade dig.

Hur du kan lösa detta?
Och hur du vill att det ska vara istället?
Hur kan du göra annorlunda?

Att bära på det förflutna

Det förflutna lever kvar i dig som minnen och minnen i sig är inget problem. I själva verket är det genom minnena som vi lär oss något av det förflutna och av tidigare misstag. Det är bara när minnena, det vill säga tankarna på det förflutna, tar över dig helt och hållet som det förvandlas till en börda, blir ett problem och blir en del av din självbild.

Din historia består inte bara av mentala minnen utan samtidigt av emotionella minnen, gamla känslor som ständigt väcks till liv.

Vi kan lära oss att inte hålla situationer och händelser levande i våra tankar och känslor utan i stället leda tillbaka vår uppmärksamhet till det tidlösa nuet. Ingenting har någonsin hänt i det förflutna som kan hindra dig från att vara närvarande här och nu.

Då är hypnos en metod för omprogrammering av dessa tankar och känslor.

När du tränar upp dina mentala muskler blir du bättre på att upprätthålla en känsla av välbefinnande och lycka i ditt liv, även när du påverkas av saker som du inte har valt själv.

Det som det undermedvetna har skapat kan det också förändra

I vårt undermedvetna finns vår fantasi och intuition som är en kraftfull motor vid förändringar.

Du kan alltså själv programmera om att träna ditt undermedvetna på att ta nya vägar.

När du behärskar ditt sinne bättre så blir dina tankar och känslor, din motivation och dina beslut bättre för just dig. Du får kontakt med din kärna och kan anpassa dig lättare till världen omkring dig åt vilket håll den än snurrar. Du kan återhämta dig och komma stärkt ur negativa livshändelser och stressfaktorer.

När du tränar upp dina mentala muskler blir du

nämligen bättre på att upprätthålla en känsla av välbefinnande och lycka i ditt liv, även när du påverkas av saker som du inte har valt själv.

Vänta in dig själv

Kom ihåg att efter varje yttre förändring behöver du tid för att i lugn och ro rita om din karta och kalibrera din kompass för att hitta tillrätta och få kontakt med din inre kärna igen.

Får du inte den tiden tappar du lätt kontrollen över styrsystemet och blir ett offer för yttre krav, verkliga och inbillade.

Vid varje förändring behöver du ta dig tid att *avsluta* det gamla, tid att *förbereda* det nya och tid att *utföra* förändringarna. Det bästa med framtiden är att den bara kommer en dag i sänder.

Det mesta blir bättre gjort och roligare
om du först får den ställtid du behöver:
tid att ställa i ordning, ställa till rätta,
ställa av, ställa om.

Bekräfta och se dig själv med snälla ögon

Vad är det som gör att människor kan reagera så olika på samma utmaningar?

Där en person blir knäckt av motgången spottar en annan i nävarna och tar nya tag.

Om en person har svårt att säga ifrån kan en annan göra det utan ens reflektera över att det skulle vara svårt. Vad är det som skiljer dem åt?

Jo, en av faktorerna som avgör hur vi reagerar är hur stark självkänsla vi har. Låg självkänsla gör att vi står ut med ohållbara situationer, kanske till och med utan att göra något för att förändra dem. Vi anpassar oss i det oändliga. Vi stannar när vi borde gå.

Självkänsla grundläggs i barndomen. Den som får bekräftelse och blir sedd, impregneras av positiva budskap och blir en del av ens självbild. Det är dock inte så att svårigheter tidigt i livet automatiskt ger dålig självkänsla hos vuxna.

Det finns människor som trots svåra kränkande upplevelser i barndomen har lyckats behålla sin självkänsla i det närmaste intakt. Där har det funnits en annan betydande viktig person i barnets närhet, som varit stödjande och kärleksfull.

De svåra upplevelserna är fortfarande smärtsamma men de får inte samma konsekvenser för barnets självbild.

Å andra sidan kan du ha väldigt låga tankar om dig själv trots att du egentligen aldrig haft svåra problem. Då är det kanske i stället så att man uppfattat relationen till sin mamma eller pappa som präglad av kritik och ifrågasättande med höga krav. Ju mindre utrymme för egna beslut, att uttrycka dig själv och att få välja bland olika alternativ, desto sämre självkänsla får du. Det fortsätter följa oss som vuxen, att känna sig lika dålig och otillräcklig som vi gjorde som liten.

Men hur kan jag bryta låga tankar om mig och skapa självkänsla?

Jo, genom att konfrontera rädsla lite i taget kan vi våga sådant vi inte vågat förut och gå stärkta ur det. Vi kan se till våra behov av kontakt, stimulans och trygghet och göra vad vi kan för att tillgodose dem.

När vi känner att vi gör något som är bra för oss, så stärker vi vår självkänsla.

Det skrivs mycket om kärlek och det här är kärlek för mig

Kärlek är inte att vara snäll eller eftergiven. Kärlek är att vara sann mot sig själv och andra människor. Det är kärlek att ställa berättigade krav på en annan människa, att bryta en relation som inte fungerar och lämna ett arbete som vi inte mår bra av.

Kärlek är att stå upp för sina behov.

Kärlek är att visa civilkurage.

Det är kärlek att älska sig själv, att acceptera och respektera sig själv, att vilja lära känna sig själv och våga förändra det som man inte tycker om hos sig själv.

Alltså, kärlek måste då vara att vi tar hand om oss, äter näringsrik mat, sover så mycket som vi behöver, motionerar, uttrycker känslor, omger oss med kärleksfulla människor, ger oss själva andrum och egen tid. Genom att studera våra minnen och inre föreställningar från det förflutna kan vi få en större förståelse för hur vår personliga forntid formar vår framtid. Kom ihåg att andra människor aldrig kommer att kunna fungera som plåster eller medicin för dina sår, dessa kan bara du själv läka.

Säg dessa ord eller det som känns mest naturligt för dig:

Tack kroppen för att du talar om för mig vad som sitter fast och som behöver frigöras från mig. Jag älskar dig och jag finns här för dig.
Jag är inte rädd för känslan och kommer inte fly undan den denna gång.
Du kan vara trygg med mig, vad är det du vill tala om för mig, vad vill du att jag släpper?
Vad är det du burit åt mig som nu behöver frigöras?"

Sitt nu med känslan och observera vad som händer när du tillåter dig själv att observera vad som händer när du ger dig själv den

kärlek och stöd som du annars bara ger ditt
barn, din partner eller bästa vän.

Var denna kärleksfulla personen till dig själv
så du hittar tryggheten att släppa och läka.
Min egen upplevelse är att det infinner sig
ett lugn efteråt som tidigare inte fanns.

Några goda råd och verktyg för att stärka dig mentalt

Utmana dig själv och gör något du aldrig gjort förut.

Säg nej när du menar nej och ja när du menar ja. Ta
ett misslyckande som otur och inte som ett straff.

Skriv ner nya visioner

Tre roliga saker du vill ska inträffa i ditt liv och vad
vill du ägna mer tid åt

Vad vill du lära dig mer om

Måsten som du tänker sluta med

Vad tar för mycket av din tid

Guldkanter som du tänker införa i ditt liv

Lyssna på kroppen och din inre röst, hitta ditt

mantra att upprepa när något går dig emot.

Bestäm dig för att täppa till rösten inom dig som säger att du inte duger, inte kan. När den viskar elaka saker till dig så svarar du högt, att du slutat lyssna och skaffat dig en roligare, gladare snällare röst som du lyssnar till, din självkärlek!

Låt din självkärlek råda i ditt liv och peppa dig med att ta fram dina positiva egenskaper. Kom ihåg att berömma dig för dem.

Livet ska inte vara en resa mot graven med målsättningen att anlända säkert i en attraktiv och välbevarad kropp som inte har upplevt, rest, sett något, träffat olika slags människor, provat ny mat eller lärt sig nya danssteg.

Nej, sladda i stället in från sidan med en chokladkaka i ena handen och ett glas vin (eller en smoothies), med en kropp som använts, för att inte säga blivit utsliten av alla resor, möten, upplevelser, smaker, förälskelser, vänskapsband, av alla böcker du läst, filmer och konst du sett. Samtidigt som du skriker: Wohoo, vilken jädrans åktur!

Blunda och dra några djupa sköna andetag långt ner i magen.

Tänkt på något som du gillar och tycker om hos dig själv?

Vad tycker du är bra med dig?

Skriv gärna ner...

Mot nya vägar och mål

Ta reda på vad du vill, vad du behöver och hur dina mål ser ut i ditt liv (reflektera och skriv ner). Ju mer detaljerad du är desto bättre förutsättningar ger du dig själv att skapa ett resultat.

Bryt ner dina mål till lagom stora delmål.

Bestäm dig för att göra det som behövs för att nå dit du vill.

Fira varje gång du når ett delmål. Känn dig stark och nöjd.

Ta hjälp, av mig eller någon annan som du känner förtroende för, om du behöver coachning och pepp på vägen.

ÖVNING – DRÖMMAR OCH MÅL

Skriv ner dina önskningar, drömmar och mål. Ge fritt utlopp för fantasin utan några som helst begränsningar.

1. Beskriv din största dröm, vad längtar du efter?

2. Vilka är dina viktigaste målsättningar?

3. Vilka nödvändiga åtgärder behöver du vidta för att åstadkomma det du vill?

Med rätt regi spelar du alla roller framgångsrikt

Våra olika roller hjälper oss att skapa ordning och balans i våra liv. De gör det lättare att hålla rätt fokus och avgör hur vi ska bete oss i ett visst sammanhang. Ena stunden har du föräldrarollen, en stund senare tar arbetsrollen över.

Men nu spelar vi inte i en tv-serie utan vi är i alla våra roller mer eller mindre hela tiden.

Att ha många olika roller är oftast inget problem så länge de håller sig på sina givna arenor. I takt med att arbetslivet blir alltmer gränslöst tenderar arbetsrollen att kliva in och spela huvudrollen där den tidigare inte ens har haft tillträde.

Vad innebär det och hur undviker man att en roll tar för stor plats på bekostnad av en annan?

Andas och låt tankarna passera likt moln. Lista nedan på de roller du har i ditt liv.

(Ex. make/maka, förälder, älskare/ älskarinna, syster, dotter, medarbetare/chef och så vidare.)

Tänk sedan över hur mycket plats varje roll har. Dela upp varje roll i tårtbitar i cirkeln på sidan bredvid.

1. Är det något du känner du behöver förändra?

2. Vad är det första möjliga du kan förändra?

3. Vilken roll får minst med tid?

4. Är det någon roll som du inte vill ha, och vill ta bort om du får önska?

Kalendermetoden

Identifiera dina mål och aktiviteter för varje roll för den kommande veckan och skriv in dem i din kalender. Det behöver inte vara en aktivitet som ska klaras av utan kan vara så enkelt som att ha mer tålamod med dina barn. Bestäm dig för att följa din planering. Om något hindrar dig från att slutföra en aktivitet inom den tid du hade planerat, oroa dig inte.

Försök att få in ny tid i kalendern för nästa vecka istället för att justera i din befintliga planering.

Du kan inte vara på scenen dygnet runt

Kom ihåg att sömn och avkoppling är avgörande för din hälsa. Därför behöver det även finnas tid för att släppa alla roller och bara vara, helt kravlöst. Hur mycket tid du behöver vet bara du. Lyssna på dina behov och din kropps signaler. Där har du svaren. Planera med omtanke om dig själv och agera sedan därefter.

Hur gick det?

När veckan har gått är det dags att utvärdera. Vilka var dina stora framgångar? Vad var mindre lyckat? Identifiera de tillfällen då du medvetet valde att prioritera en aktivitet framför en annan.

Behöver du justera något för att få bättre balans under nästa vecka? Kalenderplanering garanterar ingen omedelbar succé, men är ett sätt att ta kontrollen över dina olika roller och din tid.

Några ord om multitasking

Att kunna behålla ditt fokus och följa din plan trots alla nya intryck och förslag som oavbrutet sköljer över oss kräver disciplin och värderas inte alltid så högt. Tvärtom betraktas den som kan hålla många bollar i luften som ett föredöme, inte minst hos chefer och rekryterare. Det bygger på viljan att maximera potentialen hos varje enskild medarbetare och en tro på att den som gör många saker samtidigt är mer produktiv än den som gör en sak i taget.

Jag ställer mig tvivlande och allt fler studier visar på att multitasking är ett ideal som i slutändan kommer att göra såväl arbetsgivare som anställd besviken.

Gör en sak i taget

Då blir tiden din vän och inte din fiende

I allt du gör behöver du tid för att förbereda dig, tid att utföra det du ska göra, tid att avsluta och tid att återhämta dig. Det går inte att gena.

Ta en sak i taget och sätt allt fokus på det du gör just nu. Då blir tiden din vän och inte din fiende. Ju mer vi tränar våra inre förmågor desto starkare blir de. Till skillnad från när du tränar din kropp finns det inte någon gräns för hur långt sinnet kan nå.

Träna på att säga nej när du känner att det är rätt – utan att känna dåligt samvete för att du inte ställer upp på andras önskemål. Det är ett gammalt invant beteende som du kan träna bort.

I oredan, finns enkelheten.
I dissonans, finns harmonin.
Mitt i svårigheterna finns
möjligheterna.

- Albert Einstein

Min stora övertygelse är att när din kropp och själ får de rätta förutsättningar och hjälp den behöver så kan den reparera sig själv.

Därför vill jag berätta för dig om energimedicin.

Frekvensterapi

Frekvensterapi & Bioresonans analyserar och skapar förutsättningar till självläkning. Genom att läsa av cellernas frekvensmönster och avvikelser så ser vi vad som behöver balanseras. Avvikelserna är unika och därmed blir frekvensterapin både unik och skräddarsydd. Organ och funktioner kan balanseras för att få förutsättningar till att reparera sig själv. Vi har ett fantastiskt självläkningssystem när vi ger de rätta förutsättningarna till vår kropp.

Enligt modern fysik är allt energi. Ljus och materia knyts samman genom Einsteins berömda formel $E = mc^2$ - m=materia, c=ljusets hastighet. Allt vibrerar och avger värmestrålning = fotoner som är ljusets partikel och i människokroppen kallas det biofotoner.

Är känslor energi?

På engelska heter det emotion och betyder energi i rörelse. Kvantfysiken ger förklaringar av det minsta som är atomernas värld. Ordet kvant kommer ur att ljuset är kvantiserat och består av ljuspartiklar, energikvanta vilket vi kallar fotoner. Ljus är inte bara det synliga utan hela det elektromagnetiska spektrat – radiostrålning, mikro-, värme, synligt ljus, infraröd, röntgen- och gammastrålning.

Frekvens är antal svängningar per sekund och i och med att allt vibrerar, oscillerar svänger har allt också en frekvens. Kroppens alla organ har sin specifika frekvens för att fungera optimalt. Dessa frekvenser sänks av osunt leverne men kan återställas av kroppen själv eller genom frekvensterapi.

Biofotoner

När vårat DNA kommer i kontakt med ljuset monteras ljuset automatiskt inne i DNA strukturen. Vårat DNA och dess små grenar och allt som finns inuti det representerar ditt nuvarande emotionella tillstånd. Visste du om att du just i detta pågår en ljusshow med miljontals blinkande ljus inuti din kropp? Vid ämnesomsättning bildar nämligen alla levande organismer det som kallas biofotoner.

Biofotoner kan beskrivas som livets ljus och människokroppen består av miljarder celler. Inom ramen av varje sekund är det över 100 000 informationsutbyten per cell i alla miljarder celler. Kroppen med våra celler är imponerande. Redan på 1920-talet började det forskas på biofotoner och under många år har man ansett att ljuset i kroppen inte har någon speciell betydelse. Sedan några år tillbaka går forskningen på högvarv då ny teknik låter oss se kroppens ljus på ett annat sätt och biofotonforskningen vänder upp och ner på hur vi förstår kroppens interna kommunikation.

När det är ett underskott av biofotoner i kroppen, på grund av till exempel yttre påverkan, elektro-magnetisk strålning, stress och mycket annat, kan det medföra ett underskott på information mellan kroppens celler, en svag cellkommunikation. Brist på kommunikation ger minskad celluppbyggnad. Att hjälpa kroppen med detta ger en ökad cellkommunikation vilket i sin tur ger minskad smärta, stress och cellförnyelse.

Vi alla består av energi.

Vi utstrålar elektromagnetiska fält, som ett resultat av molekylära svängningar i våra kroppar.

En frisk cell har en viss vibration beroende på var den befinner sig i kroppen och det är precis det som utrustningen kan läsa av och tolka för att sedan hjälpa kroppen att balansera sig.

Balansera kroppen

Med hjälp av trivectorformer kan vi justera obalanser som skapar olika ickeönskvärda symtom eller trigga igång kroppens självläkande processer. Det vi kallar sjukdom är egentligen bara stopp på flöde. När din kropp och själ får de rätta förut-sättningar och hjälp den behöver så kan den reparera sig själv. Om det är något du saknar, kan vi tillföra kroppen det i form av dess elektromagnetiska fältet och påminna din kropp om hur den ska vibrera. Om det är något du bör bli kvitt, som mikroorganismer eller gifter, kan vi sända trivectorvibration/fält som stimulerar kroppen till att göra sig av med det. Din kropp är genialisk!

Påminn din kropp

Kroniska inflammationer och mycket mera är några exempel på vad vi kan påminna kroppen om att lösa.

Kom ihåg alla oönskade symtom är stopp på flöde, inget annat oavsett vad det kallas.

Sjukdomar är något vi utvecklar över tid, det kan ta år.

Kroppen försöker att kompensera för att vara i balans.

Det handlar sällan om sjukdomen i sig, trots att den ger oss viktig information så är det sällan roten till problemet. Sjukdomar i sig är kroppens unika sätt att utrycka den underliggande obalansen.

Varje symtom är resultat att bibehålla balans och harmoni.

Vad kan man balansera med hjälp av frekvensterapi/energimedicin:

Stress

Ångest

Kvicksilverbelastning

Emotionella trauman

Akuta inflammationer

Autoimmuna hälsoproblem

Konkreta fysiska problem

Allergier och matintolerans

Latenta problem och obalanser

Psykiska och emotionella problem

Virus, bakterier, svamp och parasiter

Återbyggnad av celler

Och mycket, mycket mer

Jag är övertygad om att energimedicin är framtidens läkekonst och handlar om frekvenser.

Även våra organ, celler och hela vår kropp rör sig i vibrationer och olika organ har olika frekvens i friskt tillstånd. Bakterier, parasiter, svamp och andra mikroorganismer har sin frekvens. Olika frekvenser påverkar därmed vårt mående på olika sätt då varje ting, in till subatomär partikelnivå, har sin inneboende vibration, eller frekvens. Frekvensterapi är framtidens läkekonst och rätt frekvenser kan aktivera hälsa i oss. Vår kropp är intelligent och har fantastiska förmågor att självläka bara vi ger den förutsättningarna

Om mig

Mitt arbetsliv började med en utbildning som undersköterska och jag arbetade inom allmän-psykiatrin några år. Efter det sökte jag mig till behandlingsvärlden där jag arbetade som och utbildade mig till behandlingsassistent.

Där ville jag ha svar och förklaringar till min egen uppväxt. Fick inga direkta svar, men kunskap, insikter och erfarenheter. En dörr stängdes och en annan öppnade sig och jag utbildade mig till massageterapeut med fördjupningskurser inom olika kroppsterapier.

Jag öppnade mottagning och behandlade många stela spända och värkande axlar, ryggar.

Det som jag upptäckte bland många av mina kunder var att de lade sig uppvarvade på massagebänken och gick ut nedvarvade.

Ja, visst gör massagen att blodtryck sänks, att endorfiner flödar och smärta sänks men det behandlade bara deras symptom, inte orsaken till deras stress.

Genom att vidareutbilda mig inom stress fick jag

många aha-upplevelser och mersmak.

Min slutsats är att vi är komplexa och avancerade varelser. Det mentala kan få kroppens resurser att dala så det är av största vikt att arbeta med både kropp och sinne.

Denna bok är resultatet av min resa som stresskonsult och kroppsterapeut.

Tack för att du har läst den!

Ett varmt tack

Tack till alla Er som har inspirerat och hjälpt mig att skriva denna bok.